MINISTÈRE DU COMMERCE, DE L'INDUSTRIE & DU TRAVAIL

EXPOSITION
UNIVERSELLE & INTERNATIONALE
DE LIÉGE 1905

SECTION FRANÇAISE

CLASSE 17

RAPPORT
PAR
G. DUTREIH

PARIS
COMITÉ FRANÇAIS DES EXPOSITIONS A L'ÉTRANGER
Bourse du Commerce, rue du Louvre
1909

M. VERMOT, ÉDITEUR.

EXPOSITION UNIVERSELLE INTERNATIONALE
DE LIÉGE 1905

MINISTÈRE DU COMMERCE, DE L'INDUSTRIE & DU TRAVAIL

EXPOSITION
UNIVERSELLE & INTERNATIONALE
DE LIÉGE 1905

SECTION FRANÇAISE

CLASSE 17

RAPPORT
PAR
G. DUTREIH

PARIS
COMITÉ FRANÇAIS DES EXPOSITIONS A L'ÉTRANGER
Bourse du Commerce, rue du Louvre
1909

M. VERMOT, Éditeur.

GROUPE III

CLASSE XVII

Instruments de Musique

Comité d'Installation de la Classe 17

BUREAU

Président. . . MM. Lyon (Gustave), maison Pleyel, Wolf, Lyon et C¹ᵉ, pianos et harpes.

Vice-présidents. Pinet (Léon), fournitures générales pour pianos et orgues.
Dutrein (Georges), instruments de musique mécaniques, phonographes, cylindres et disques.
Burgasser, maison Burgasser et Theilmann, pianos à queue et pianos droits.

Rapporteur . . Dutrein (Georges), instruments de musique mécaniques, phonographes, cylindres et disques.

Secrétaires . . Lantelme (Georges).
Caressa (A.) luthier du Conservatoire de Paris. Maison Caressa et Français.
Jacquot (A.), lutherie à cordes, Nancy.

Trésorier. . . , Schaeffer, maison Evette et Schaeffer. Instruments à vent, bois et cuivre.

MEMBRES

MM. Caressa (Albert), maison Caressa et Français, luthier du Conservatoire de musique et de déclamation de Paris.
Delfaux (Emile), instruments de musique, à vent, en cuivre.
Gaveau, maison Gaveau frères, pianos droits et à queue.
Gouttière (Edmond), pianos droits et à queue.
Jacquot (E.-Ch.-Albert), luthier.
Mustel (Auguste), maison Mustel et fils, harmoniums et célestas.
Schaeffer (E.), maison Evette et Schaeffer, instruments à vent.

Architecte

De Montarnal (E.-Ch.)

Exposants hors concours.

MM. Darche frères	France
Dutreih (Georges)	—
Gunther (Louis)	Belgique.
Jacquot (Albert)	France
Mahillon et Cie	Belgique.
Paillard et Cie	Suisse.
Pleyel, Wolf, Lyon et Cie	France.
Renson frères	Belgique.

JURY

Jurés titulaires

Président

MM. Lyon (Maison Pleyel, Wolf, Lyon et Cie). Pianos et harpes. France,

Vice-Président

Mahillon (V.), maison Mahillon et Cie. Instruments à vent. Conservateur du Musée International du Conservatoire royal de Bruxelles.

Secrétaire-Rapporteur

Darche (Maison Darche frères). — Luthier, Belgique.
L. Gunther, facteur de pianos, Belgique.
A. Jacquot, luthier, France.
Paillard, maison Paillard et Cie, Suisse.

Jurés suppléants

Dutreih (G.), instruments de musique mécaniques, phonographes et cylindres, France.
Renson (Th.), facteur de pianos, Belgique.
Morabito, Giuseppe, Italie.

La Classe 17 à l'Exposition de Liége en 1905

 La participation prépondérante de la France à l'Exposition internationale de Liége, les succès nombreux qu'elle y a obtenus, notamment dans la Classe XVII où 13 Grands Prix sur 18 lui ont été décernés, sont trop présents à l'esprit de tous, pour que le premier devoir de celui qui a l'honneur d'être chargé par M. le Commissaire général du Gouvernement français, d'établir ce rapport, ne soit pas de lui exprimer au nom de ses collègues, membres du Bureau et des exposants français de la Classe XVII les sentiments qu'ils éprouvent pour le dévouement dont il a fait preuve dans la défense des intérêts nationaux.
 Conduits au succès par M. Chapsal, Commissaire général du Gouvernement français, et par M. Pinard, président du Comité d'organisation, ils ont à cœur de leur en témoigner leur gratitude.

CONSIDÉRATIONS GÉNÉRALES

Aux termes des dispositions générales et du règlement organique, la Classe XVII a été soumise à la classification suivante :

CLASSE XVII

INSTRUMENTS DE MUSIQUE

Matériel, Procédés et Produits.

I. Matériel et procédés de fabrication des instruments de musique : à vent, en cuivre ; à vent, en bois ; lutherie à cordes ; pianos, etc...

II. Instruments à vent, métalliques et en bois, à trous avec ou sans clefs, à embouchure simple, à bec de sifflet, à anche avec ou sans réservoir d'air.

Instruments à vent métalliques, simples, à rallonges, à coulisses, à pistons, à clefs, à anches.

Instruments à vent, à clavier : orgues, accordéons, etc.

Instruments à cordes pincées ou à archet sans clavier.

Instruments à cordes, à clavier ; pianos, etc.

Instruments à percussion ou à frottement : batteries.

Instruments automatiques : orgues de Barbarie, serinettes, boîtes à musique, phonographes, etc.

Pièces détachées et objets du matériel des orchestres.

Cordes pour instruments de musique.

Instruments exotiques.

JURY

Le Jury international des récompenses a consacré seize séances à l'examen de 82 exposants français et étrangers, répartis ainsi qu'il suit pour les diverses spécialités :

Facteurs de grandes orgues,
— d'harmoniums,
— de pianos,
— d'instruments à vent,
— d'orgues mécaniques,
— d'instruments divers,
— de fourniture, outillage ; inventeurs.

Les termes du règlement stipulaient au titre premier : dispositions générales.

ARTICLE PREMIER : Les récompenses qui peuvent être décernées aux œuvres, produits et travaux rangés dans les diverses classes de la classification générale consistent en :

Diplômes de Grand prix ;
— d'honneur ;
— de médaille d'or ;
— — d'argent ;
— — de bronze ;
— de mention honorable.

Le diplôme des cinq premières catégories de récompenses est accompagné d'une médaille de bronze.

Il est en outre accordé suivant les prescriptions indiquées au titre II :

1° Des diplômes de collaborateur aux personnes ayant prêté leur concours intellectuel à la production des objets exposés auxquels il est accordé un diplôme de l'une des trois premières catégories précitées ;

2° Des diplômes de coopérateur aux contremaîtres et ouvriers ayant donné leur concours matériel à la production des objets exposés auxquels il a été accordé un diplôme de l'une des trois premières catégories précitées.

Afin d'assurer l'unité de mode du travail et de notation il fut décidé dès la première séance, sur la proposition de M. Lyon, que chaque qualité d'un objet exposé serait appréciée, mesurée pour ainsi dire, par un nombre de points dont le maximum serait de 5.

On apprécierait ainsi successivement les différentes qualités que devait posséder tout bon instrument et on limiterait à 6 les catégories de ces qualités.

Pour simplifier, chaque qualité correspondrait à une des lettres A, B, C, D, E et F, répondant chacune à une qualité bien déterminée d'avance pour les produits exposés.

Ceci posé, il fut convenu que les récompenses à attribuer seraient établies d'après le tableau suivant :

    0 à 2. . . . . . Rien ;
    3 à 5. . . . . . Mention honorable ;
    6 à 10. . . . . . Médaille de bronze ;
    11 à 15. . . . . . Médaille d'argent ;
    16 à 20. . . . . . Médaille d'or ;
    21 à 25. . . . . . Diplôme d'honneur ;
    26 à 30. . . . . . Grand prix.

Enfin les lettres précitées auront trait :

A, à l'ancienneté et aux mérites généraux de la maison exposante ;

B, à la qualité de construction ou de fabrication en général ;

C, au progrès ou perfection des qualités sonores ;

D, aux nouveautés, aux recherches d'ordre technique ;

E, à l'aspect satisfaisant ou aux qualités extérieures et de finissage ;

F, à l'importance relative ou absolue de l'Exposition.

Ces principes généraux furent appliqués successivement aux différentes catégories d'objets à examiner et répondirent parfaitement au but qu'on s'était proposé.

Enfin le Jury décida pour l'attribution des récompenses, qu'il ne ferait pas descendre par principe une maison au-dessous de la récompense obtenue par elle à l'Exposition Universelle de Paris en 1900.

Pour prendre cette décision, le Jury s'inspira de diverses considérations et notamment des circonstances défavorables dans lesquelles, au point de vue des emplacements, se trouvaient les Exposants de la Classe XVII à l'Exposition de Liége.

En effet, la surface totale occupée par la Classe XVII, y compris les passages, n'a été que de cinq cents mètres carrés (m. 9.500) et sur cette surface, 238 mètres carrés seulement ont été occupés par les exposants dont les demandes n'ont pu ainsi être satisfaites qu'à raison de 30 % de leur importance.

La conséquence obligatoire d'un tel état de choses a été de ne pas laisser s'effectuer en toute liberté l'effort de chaque exposant, en le contraignant à restreindre le nombre et la valeur des objets à exposer.

Aucun d'eux n'a donc pu dans ces conditions donner la mesure exacte de ce dont il était capable et c'est là une considération très grave quand on se trouve en présence des Jurys internationaux dont la tendance, naturelle d'ailleurs, est de juger exclusivement sur ce qu'ils voient.

Il est donc permis d'émettre à nouveau le vœu qu'à l'avenir tout exposant puisse avoir la faculté de se tenir en dehors du concours. L'exposant ne prenant pas part au concours serait simplement tenu de l'afficher sur son Exposition sans toutefois avoir le droit d'employer le terme « hors concours ».

Enfin, il serait injuste de ne pas ajouter que malgré les circonstances défavorables dont nous venons de parler, la Classe XVII a été cependant une des plus brillantes et des plus visitées de l'Exposition de Liége ; le public rendait ainsi justice une fois de de plus à notre grande Industrie française des instruments de musique.

Le rapporteur a adopté, pour son travail, le principe de la séparation des instruments par familles et dans chacune des études, il a examiné les produits des « Hors concours «, puis des récompensés dans l'ordre même des récompenses en commençant chaque fois par les exposants français.

Il doit signaler à ce sujet que certains exposants de l'étranger et même de France, n'ont pas cru devoir, malgré ses démarches successives, lui envoyer les renseignements qu'il avait jugé opportun de leur demander concernant l'historique de leur maison et les développements successifs qui y furent apportés.

Ce silence est des plus regrettables, car pour les mêmes raisons, les Commissaires généraux n'ont pas pu, comme ils l'auraient désiré dans beaucoup de cas, faire ressortir les qualités industrielles ou d'organisation sociale des exposants qui étaient de leur ressort.

Dans ces conditions, le rapporteur a dû prendre le parti de ne tenir compte dans son rapport, au point de vue historique en particulier, que des renseignements à lui remis par un certain nombre d'exposants et sous la responsabilité de ceux-ci.

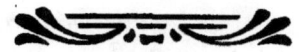

GRANDES ORGUES

Grand prix

Le seul grand orgue exposé, qui a d'ailleurs mérité un grand prix à son auteur, est celui construit par la maison VAN BEVER, de Bruxelles.

Nous donnons ci-dessous la composition des jeux de cet instrument d'une grande puissance.

1er clavier, grand orgue	2e clavier, récit expressif
Bourdon . . . . . . 16 pieds	Salicional . . . . . 8 pieds
Montre . . . . . . 8 —	Voix céleste . . . . 8 —
Flûte harmonique . 8 —	Bourdon . . . . . . 8 —
Gambe . . . . . . 8 —	Flûte octaviante . . 4 —
Prestant . . . . . . 4 —	Quinte 2 2/3
Pédale séparée	Octavin . . . . . . 2 —
	Basson hautbois . . 8 —
Sous-basse . . . . 16 pieds	Carillon . . . . . .
Flûte . . . . 8 —	Trompette . . . . . 8 —

Combinaisons

Mezzo forte.
Tirasse du grand orgue.
Tirasse du récit.
Copula.
Jeux d'anches.

Forte.
Expression, récit.
Crescendo progressif.
Trémolo.

HARMONIUMS

Grands prix

Mustel et Cie	France.
Pinet (Léon)	—
Balthazar Florence	Belgique.

Diplômes d'honneur

Chaperon	France.
Dumont et Cie	—
Mola (Giuseppe)	Italie.

DESCRIPTIONS DES EXPOSITIONS

MUSTEL & Cie

Trois générations d'artistes se sont succédé à la maison Mustel, dont le chef actuel, petit-fils du fondateur de la maison, s'inspire des principes et des traditions de son grand-père et de son père dont il est le remarquable élève.

Cela explique comment les admirables instruments de cette maison, toujours récompensés par des

Grands prix, ont acquis une renommée artistique universelle. Tous les grands maîtres organistes, SAINT-SAËNS, GUILMANT et beaucoup d'autres en ont été les admirateurs enthousiastes.

Sans cesse à la recherche du progrès depuis 50 ans, Mustel

et Cie exposent un instrument qui semble être le dernier mot de la facture d'art.

Chacun des trois Mustel a reçu la croix de la Légion d'honneur, le dernier à l'Exposition de Saint-Louis en 1905.

PINET (Léon)

La maison Pinet a 64 ans d'existence, elle expose à Liège des anches libres métalliques pour harmoniums, sa production annuelle est de 15.000 jeux de 5 octaves. Elle est la plus importante d'Europe dans cette spécialité.

Elle expose à Liége des anches libres métalliques pour harmoniums.

Elle expose en outre :

Des diapasons ;

Un outillage de précision ;

Des spécimens de fonderie et de bronzes pour pianos.

Étant donnée l'évolution actuelle des industries multiples dont s'occupe la maison Pinet, il nous a paru intéressant de reproduire ci-dessous la monographie établie par cette maison célèbre pour le Jury.

Outillage de précision. Tour à filer de luthier. — En grandeur naturelle, ce tour est construit suivant les progrès de la mécanique.

Les pignons porte-crochet roulent sur billes, les arbres en acier trempé et rectifiés après la trempe, sont coniques et un système de double écrou permet de corriger le moindre jeu, sans amener de dureté dans la machine ; l'usure de ce fait, est presque nulle.

Pour un tour de manivelle, les crochets font 67 tours et par une disposition spéciale, la corde, pendant le filage, peut s'allonger de 18 c/m sans que la tension soit changée.

Machines en réduction. — Les trois machines en réduction présentées possèdent les mêmes organes et fonctionnent comme les machines grandeur naturelle livrées à l'industrie, ces dernières sont construites dans les mêmes conditions que le tour de luthier.

Fonderie. — Elle ne produit que la fonte nécessaire aux besoins de la maison, soit en moyenne 55.000 kgs par an et permet de fabriquer des pièces d'une supériorité incontestable, qui donnent un grand relief aux bronzes de pianos.

Anches libres métalliques pour harmoniums. — L'anche libre est l'organe de l'harmonium qui réclame le plus de soins et le plus d'attention.

C'est grâce au métal spécial, employé pour les lames, aux soins apportés dans la fabrication et à la grande régularité d'exécution que des anches Pinet doivent la réputation incontestée et universelle qu'elles ont acquise.

Cette fabrication spéciale a fait l'objet de trois brevets d'invention.

Les harmoniums français exposés à Liége sont tous montés avec ces anches.

Diapasons. Diapason étalon la *(2)*. — Forgé dans un morceau d'acier fondu français, ce diapason permet d'accorder les diapasons dont le nombre de vibrations varie entre le *la* et le la^2.

Nous l'avons accordé à la température de 20 par le procédé optique Lissajous sur un diapason *la* (*1*) de la grande série Koenig que possède le laboratoire des Arts et Métiers.

Les vibrations observées dans les miroirs, paraissaient toujours dans le rapport de 1, 2, la figure optique n'offrant pas de trace de rotation.

Le diapason ainsi accordé, nous avons vérifié cinq positions différentes des curseurs par la méthode stroboscopique et nous les avons trouvées exactes.

Ce diapason est monté sur caisse de résonance, on excite ses vibrations à l'archet et l'accord se fait facilement à l'oreille.

La variation thermique de ce diapason est 0,049.

Il a donné naissance au diapason étalon *la (3)*,

Diapason étalon la *(3)*. — Le diapason *la (3)* remplit le même but. Sous un volume restreint, il permet d'accorder à l'unisson tous les diapasons dont le nombre de vibrations varie entre 870 et 920.

Tous les pays n'ont pas adopté le *la* normal français et malgré les vœux de plusieurs Congrès, on rencontre encore souvent des instruments accordés aux diapasons suivants :

Ancien 880.
Allemand 880.
Anglais 902.
Américain 912.
Belge 916. Peu usité.
Italien 896.

Ce petit diapason dispense d'avoir autant de diapasons que de tons différents et il permet d'accorder très facilement à l'oreille un diapason quelconque, il suffit pour cela d'amener les curseurs à coïncider avec la division correspondant au ton voulu.

Diapason d'organier. — Jusqu'à ce jour, il n'y avait pas de diapason spécial pour l'accord des tuyaux d'orgue ; celui-ci comble cette lacune. Il permet d'accorder le tuyau d'orgue *la (3)* à toutes les températures comprises entre 0° et 30° de façon à être juste, c'est-à-dire à donner 870 vibrations simples à la température de 14° et celle que l'on choisit. Ainsi, si l'on a l'habitude d'accorder à 12° et que la température de l'accord soit à 25° au lieu de placer les curseurs à 25° on les placera à 23°.

Ce diapason a été accordé sur l'étalon gradué de la même façon, en appliquant les lois acoustiques sur la vitesse du son dans l'air à toutes les températures et sur les vibrations des tuyaux sonores. On a en outre tenu compte de la variation thermique de ce diapason.

Les trois diapasons ci-dessus sont la propriété de la maison. — En dehors de ces trois diapasons d'application nouvelle, se présentent encore deux diapasons *la (3)* électriques, deux séries de diapasons formant accord parfait (gamme des physiciens) et 13 diapasons donnant la gamme chromatique, tous destinés à des cabinets de physique.

BALTHASAR FLORENCE

Contrairement à l'avis de son auteur, nous persistons à penser que l'important instrument exposé par la maison Balthasar

Florence est un harmonium de grande dimension et non pas un orgue.

Nous considérons d'ailleurs ce travail comme assez intéressant pour mériter la reproduction des termes mêmes du rapport que cet exposant a présenté au Jury.

« Notre orgue à anche, dit-il, qu'il ne faut pas confondre avec un harmonium proprement dit, car la construction en diffère essentiellement, comme du reste l'ensemble de sa sonorité, possède des jeux d'une profondeur et d'une rondeur telles, que plusieurs membres du Jury ne voulaient pas croire que cet orgue ne renfermait pas de tuyaux.

» Notre maison s'écarte du reste des chemins battus depuis longtemps déjà, et ses recherches sur les effets acoustiques lui ont valu d'être honorée de la commande d'appareils d'expériences pour les cabinets de physique de l'Université de Louvain. Grâce à des dispositions tout à fait nouvelles, elle est parvenue à modifier les timbres des anches et à en créer de nouveaux dont les effets sont surprenants.

» L'instrument en question ne possède pas moins de 22 jeux passant du 32 aux 2 pieds ; ils sont répartis sur trois manuels de 4 1/2 octaves (ut à sol) et un pédalier de 30 notes (ut à fa).

» A l'ampleur du plein jeu, s'ajoutent toutes les finesses d'un harmonium à double expression, car cet orgue possède une sourdine générale expressive aux deux manuels supérieurs (positif et récit). L'organiste a aussi à sa disposition deux pédales qui lui permettent de jouer ces manuels avec expression comme ceux d'un véritable harmonium.

» Les 3 manuels accouplés ne sont pas plus durs au toucher qu'un clavier ordinaire, ce résultat est dû à l'application d'un nouveau système pneumatique qui offre l'avantage de ne pas rendre l'attaque paresseuse ; la répétition est au contraire aussi nette que s'il y avait une percussion à chaque jeu depuis les notes les plus graves du 32 pieds jusqu'aux plus aiguës du 2 pieds. On rencontre rarement pareille précision dans les orgues à tuyaux des meilleurs facteurs.

» La registration est à clavier ; elle est actionnée au moyen du système tubulaire.

» Huit tirasses servent à commander : 1º les boîtes expressions du positif et du récit (l'effet de celles-ci est renforcé par la double expression) aussi les crescendo et les diminuendo sont-ils infiniment plus sensibles que dans les orgues à tuyaux ; 2º le grand jeu progressif ; 3º les différents accouplements.

» La grande soufflerie d'une abondance extrême est à 3 pompes avec réservoir et régulateur ; la pression est donnée au moyen de poids et non de ressorts, aussi n'entend-on jamais la moindre fluctuation dans le son, même lorsqu'on soutient très longtemps les accords les plus complets avec le plein jeu et tous les accouplements.

» Certainement que si cet instrument ne peut pas prétendre à remplacer comme puissance un grand orgue à tuyaux dans une vaste cathédrale, c'est assurément l'idéal d'un orgue approprié aux exigences d'un local de dimensions ordinaires. Il offre en effet à l'exécutant les ressources d'un orgue à tuyaux combinées avec celles d'un harmonium artistique.

» L'orgue à tuyaux exigerait un emplacement 5 ou 6 fois supérieur et coûterait 3 ou 4 fois plus sans compter les frais d'entretien qui sont parfois très considérables, alors qu'ils sont insignifiants pour l'instrument nouveau de la maison Balthasar-Florence. »

CHAPERON

CHAPERON. — La maison Christophe (Etienne), Chaperon successeur, avait présenté 5 harmoniums de sa fabrication ordinaire qui étaient caractérisés par les qualités des matières premières, le fini de la fabrication et leur harmonisation parfaite.

Cette véritable carte d'échantillons de cette maison si sérieuse a eu le plus grand succès auprès de sa clientèle de Belgique.

MOLA (Giuseppe)

L'établissement fondé par le chevalier Joseph Mola en 1862, réunit les trois plus importantes branches d'instruments de musique à clavier : orgues d'église, harmoniums et pianos.

L'harmonium présenté au Jury était à deux claviers avec pédalier, 27 notes, percussion, accouplement des claviers, 8 jeux et 24 registres constituant, au gré de M. Mola, directeur actuel de cette importante usine, un véritable harmonium pour concert.

ACCORDÉONS

Diplôme d'honneur

Soprano (Paoli) . . . . Italie.

Médaille d'or

Armin Liebmann. . . . . Allemagne.

Médaille de bronze

Galvan (Egidio) . . . . Autriche.

DESCRIPTIONS DES EXPOSITIONS

ARMIN LIEBMANN

Il nous paraît intéressant de signaler les points particuliers que présente l'Exposition de M. Armin Liebmann, de Gera.

Ses accordéons marque « Excelsior » et marque « Sans pareil » (genre français) se distinguent par une sonorité forte et harmonieuse. Leur système de soufflets est excellent.

Les orgues « Amabile » et l'automate à musique « Arminia » sont également munis de soufflets actionnant des lames vibrantes d'harmonium. Les premiers se jouent à l'aide d'une manivelle, le second est un instrument automatique muni d'un mouvement d'horlogerie.

Dans l'harmonica breveté « Simplex », ainsi du reste que pour les deux précédents modèles, ce sont des disques métalliques percés qui permettent de mettre successivement en jeu les différentes notes de l'instrument. L'avantage de ces disques est leur durabilité, leur remplacement facile et leur bas prix de revient.

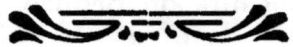

PIANOS

Hors concours

PLEYEL, WOLFF, LYON et Cie	France.
GUNTHER (Louis)	Belgique.
RENSON (Théophile)	Belgique.

Grands prix

BURGASSER et THEILMANN	France.
ERARD-BLONDEL et Cie	France.
ESTELA (M. Pierre)	Espagne.
GAVEAU frères	France.
GOUTTIÈRE (Edmond)	France.
HERTZ (Henri)	France.

Diplômes d'honneur

CHASSAIGNE frères	Espagne.
LABROUSSE (Joseph)	France.
STAUB (G.-H.)	France.
OSTLIND et ALMQUIST	Suède.
MOLA (Giuseppe)	Italie.

Médaille d'or

HAUTRIVE	Belgique.
DERDEYN frères	Belgique.
MORS. L. et Cie	Allemagne.

Ortiz et Cusso	Espagne.
Van Hyfte	Belgique.
Vits E. (veuve A. Crasset succ.)	Belgique.
Aachener (Piano forte, fabrick) Eduard Hilger . .	Allemagne.
Racca (Giovenni)	Italie.

Médaille d'argent

Shultz (Gaspard)	Belgique.

Médaille de bronze

De Heug (Pierre)	Belgique.

DESCRIPTIONS DES EXPOSITIONS

PLEYEL, WOLF, LYON & Cⁱᵉ

La célèbre maison Pleyel qui, à deux ans près, pouvait fêter à l'Exposition de Liége le centenaire de sa fondation, avait présenté dans l'espace trop restreint qui lui avait été réparti, quelques-unes de ces dernières créations, en particulier un piano double à queue (brevet Gustave Lyon) qui, grâce aux deux plans de cordes absolument indépendants commandés chacun par une mécanique et un clavier, un jeu de pédales, permet de jouer toutes les œuvres écrites pour deux pianos dans un emplacement à peu près moitié moindre de celui exigé pour l'exécution de ces œuvres.

L'instrument très remarquable qui était à Liége et sur lequel diverses auditions ont eu lieu avec le plus grand succès, a d'ailleurs été fabriqué pour sa Majesté le Sultan et la perfection de cet instrument a valu à la maison Pleyel le titre de : fournisseurs de sa Majesté le sultan Abdul Hamid Khan II.

Les pianos à queue ou droits qui étaient sur le stand de la maison Pleyel avaient été réalisés soit dans le style classique le plus pur : Louis XV, Louis XVI, soit dans le style moderne avec une sobriété de lignes tout à fait caractéristique.

Le nouvel instrument automatique que la maison Pleyel exposait pour la première fois, sous le nom générique de *Pleyela* présentait au point de vue artistique, des avantages sur l'importance desquels le rapporteur croit devoir insister. En effet, la plupart des appareils destinés à rejouer mécaniquement les pianos, obtiennent ce résultat à l'aide de papiers perforés, dits papiers

mécaniques. Leur perforation résulte, en effet, d'un traçage *a priori*, d'après la valeur successive des notes de la musique gravée, chacune de ces notes trouées ayant une longueur constante, quelque soit le tempo affecté à l'exécution de la partie de l'œuvre correspondante.

Ce papier, dit mécanique, présente une qualité de précision qui, entre des mains inexpérimentées, donne des résultats déplorables, au point qu'une maison américaine n'a pas craint de tracer, sur les morceaux de musique ainsi perforés, à l'aide d'un trait rouge, les différentes positions que doit occuper la manette du tempo, pour corriger autant que faire se peut, ce que ces rouleaux ont trop de mécanique.

Il n'en reste pas moins obligatoire que toutes les croches ont la même durée, toutes les blanches également, etc., que les accords sont composés de trois ou quatre trous parfaitement bien alignés et comme commencement et comme fin, etc.

Enfin, ce papier mécanique exige absolument qu'une des

mains de l'exécutant soit constamment appliquée sur la manette du tempo, ce qui entraîne comme conséquence, l'obligation

pour ces instruments de n'avoir qu'une seule manette d'expression, de durée de son, ce qui fait que tout le papier joue tout le temps, soit *piano*, soit *forte*.

Dans le *Pleyela*, au contraire, on peut, si l'on veut, faire dérouler les rouleaux de papier mécanique dont il vient d'être parlé, mais l'instrument est fait surtout et pour ainsi dire spécialement pour utiliser les rouleaux de musique enregistrée.

Les procédés de l'enregistrement de la musique sous le doigt des artistes sont gardés jalousement secrets par le Directeur de la maison Pleyel, mais, sans pénétrer dans le laboratoire fermé à tout le monde, où se font ces enregistrements, nous pouvons, comme rapporteur, signaler le principe de ces enregistrements qui consiste en ceci : sur une bande de papier qui se déroule d'un mouvement mathématiquement uniforme sur un rouleau, viennent se marquer, en traits analogues à ceux du télégraphe Mors, les

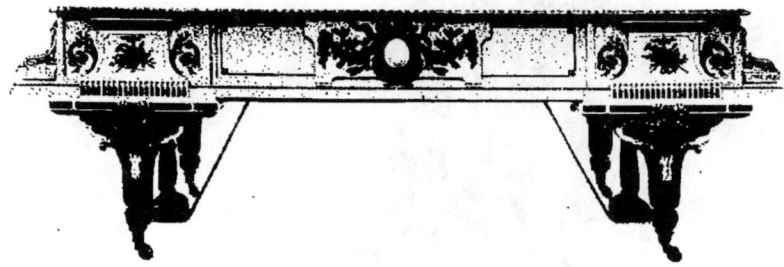

traces de toutes les notes qui sont maintenues abaissées pendant le jeu par le virtuose. Si donc, à la place de ces traits, à l'aide d'appareils spéciaux dont nous avons pu nous procurer un cliché, on remplace les traits par des trous, il suffit d'employer ce papier perforé sur le Pleyela pour avoir, dans le temps du déroulement mécanique constant du papier, exactement au moment voulu, les attaques des différentes notes du jeu du virtuose, sans qu'il y ait à faire varier le mouvement de la manette du tempo. Il suffit que celle-ci soit mise à la division voulue et le mouvement du papier sera identique à celui qui existait au moment de la transcription et, dès lors, les deux mains de l'exécutant au *Pleyela* étant libres, on a pu, dans cet instrument, laisser à la main droite, à l'aide d'une manette, la possibilité de donner une expression tout-à-fait différente et même opposée à l'expression que la main gauche obtient pour l'autre partie à l'aide de la manette correspondante.

Cet instrument et l'idée qui a présidé à la constitution des rouleaux enregistrés présentent au point de vue artistique (car ce n'est pas au point de vue commercial que le rapporteur doit se placer en ce moment) cet avantage que nous considérons comme un devoir de signaler : la possibilité de créer une tradition, la certitude qu'à un certain jour, soit l'auteur, soit le virtuose, a interprété une œuvre donnée de la façon identique à celle qu'on peut réaliser à nouveau à l'aide du *Pleyela*. Ceci présente un

rôle utilitaire de premier ordre pour les opéras, pour les chœurs à grand nombre de voix, pour toutes les études basées sur le rythme comme la nouvelle méthode de gymnastique rythmique de Dalcroze, etc.

Bien d'autres productions nouvelles auraient dû être exposées à l'Exposition de Liége, mais le manque de place a obligé la maison Pleyel à n'envoyer que quelques échantillons dont le rapporteur vient de parler.

Quant aux harpes qui étaient sur le stand de la maison Pleyel, il en sera fait une étude spéciale plus loin.

GUNTHER (Louis)

La maison Gunther expose quatre pianos à queue dont un de concert, et cinq pianos droits dont deux à cordes croisées et trois à cordes obliques.

M. Gunther, l'affable directeur de cette maison, faisait partie du Jury pour lequel le désignait naturellement sa compétence toute spéciale.

Le rappporteur n'hésite pas à dire l'impression excellente produite sur le Jury international par les instruments qui ornaient le stand de M. Gunther.

Ces instruments étaient de tout premier ordre et leur construction étudiée par un facteur particulièrement habile permet de les exporter sous les climats les plus divers.

Il me suffira d'ailleurs de dire que cette maison a été fondée en 1843 et que depuis la médaille d'argent remportée en 1867, elle n'a jamais connu comme récompense que les diplômes d'honneur.

GROUPE III. — INSTRUMENTS DE MUSIQUE   33

RENSON (Théophile)

MM. E. et Th. Renson frères avaient six pianos dont quatre pianos droits et deux pianos à queue.

Un des pianos droits, de style Louis XV, était en noyer sculpté

en plein et d'une sonorité particulièrement réussie.

Les deux pianos à queue, de sonorité bien pleine et d'un timbre agréable, étaient particulièrement réduits comme dimension puisque leur longueur ne dépassait pas 1 m.58.

Ce résultat fort satisfaisant ne saurait nous étonner de cette manufacture de pianos fondée en 1857.

ERARD, BLONDEL & Cie

Une fois de plus un Grand prix est décerné à la maison Erard.

La fabrication de cette grande maison est trop connue pour qu'il soit nécessaire d'insister et nous ne pourrions que redire ce qui a été dit souvent déjà.

Cependant, il est intéressant de signaler que quelques-uns des pianos qui occupent le stand de cette grande maison, sont à châssis de fer et cordes parallèles ou croisées.

Cette évolution que le rapporteur considérait comme fatale dans la construction des instruments modernes s'est donc également imposée à cette célèbre marque française dont nous avons pu voir pour la première fois les nouveaux types de pianos à l'Exposition de Liége.

Depuis longtemps déjà, la maison Erard avait entrepris une étude spéciale de ce genre d'instruments, aujourd'hui très en faveur dans beaucoup de pays. Elle est aussi parvenue à affranchir les pianos construits avec ces procédés modernes, des défectuosités, des faiblesses souvent reprochées aux marques les plus réputées d'Amérique et d'Allemagne.

Nous sommes très heureux de constater que la réussite est complète.

ESTELA (Pierre)

La maison Estela, de Barcelone, dont la dénomination actuelle est « Viuda de Pedro Estela » est l'ancienne maison BERNAREGGI.

Cette grande manufacture de pianos et d'harmoniums, fondée en 1830, a exposé un ensemble d'instruments de tout premier ordre.

Outre les qualités musicales, de souplesse et de légèreté des claviers que présentent les quatre pianos, le Jury a remarqué la valeur exceptionnelle de la construction de ces instruments. La décoration modern style de l'un des pianos droits et la marqueterie avec des mosaïques de couleur d'un autre étaient particulièrement remarquables.

On reconnaît dans la fabrication actuelle de la maison Estela, une synthèse agréable de la production américaine et de la facture française.

GAVEAU FRÈRES

L'Exposition de la maison Gaveau présente cette caractéristique que tous les instruments exposés sont à cadre métallique coulé.

Le but cherché par MM. Gaveau frères, était de pouvoir ainsi faire supporter à leurs pianos un tirage beaucoup plus fort que celui usité précédemment pour les pianos à construction en bois. MM. Gaveau cherchaient ainsi à avoir une sonorité plus puissante, une des qualités réclamée plus particulièrement par la clientèle étrangère en général. Ils désiraient ainsi augmenter l'exportation des instruments français.

Ils ont d'ailleurs cherché à ne pas sacrifier à la seule question

de puissance du son la caractéristique des marques françaises, nous voulons parler de la netteté de la sonorité en même temps que de la précision du mécanisme.

Il nous a paru heureux que la maison Gaveau ait pu envoyer quelques modèles de style aux visiteurs de l'Exposition de Liége. Le travail très fin de ces instruments donne une haute opinion de la valeur de la main-d'œuvre de la facture française en même temps que de l'esprit d'invention de nos artistes décorateurs.

Ce sont toutes ces qualités réunies qui ont permis de classer MM. Gaveau frères, parmi les premiers facteurs français.

GOUTTIÈRE

L'Exposition de la maison Gouttière, successeur de la maison ELCKE, fondée en 1846, présentait un ensemble des plus satisfaisants.

GROUPE III. — INSTRUMENTS DE MUSIQUE

Le Grand prix qui lui a été attribué récompense justement les efforts de perfectionnements constants que M. Gouttière a apportés à sa fabrication.

Notons que pour la première fois, à notre sens, M. Gouttière a paru avoir réussi une pédale céleste en feutre dans son piano à queue, alors que jusqu'ici cette tentative n'avait pu être suivie d'effets heureux, étant donnée la difficulté de l'application dans les pianos à queue.

HERZ (Henri)

La maison Henri Herz, dont le fondateur fut un des premiers facteurs décorés de la Légion d'honneur, en 1836, et qui fut

promu officier en 1862, présentait cinq pianos, deux à queue et trois droits.

Dans le piano à queue en noyer ciré frisé mesurant 1 m. 55 de long, avec cadre de fonte coulé et cordes croisées, le Jury a été frappé de la sonorité parfaitement homogène et réellement digne d'un piano à queue.

M. Amédée THIBOUT, directeur actuel de cette célèbre maison, n'a pas hésité à faire appel au merveilleux talent de l'artiste RUPERT CARABIN pour étudier et exécuter le chef-d'œuvre de sculp-

ture qui enveloppait un de ses pianos droits en noyer massif. Certains ont pu critiquer le modernisme de ces sculptures allégoriques; pour notre compte, nous trouvons là un effort artistique digne de tous les encouragements et si les facteurs s'adressaient plus souvent au talent des artistes modernes, on arriverait peut-être, d'une façon pratique, à faire de cet instrument rébarbatif un instrument plus agréable à voir, si ce n'est à entendre.

CHASSAIGNE

L'on n'a, dit-on, que 24 heures pour maudire ses juges.

La maison Chassaigne a de beaucoup dépassé cette limite, et nous ne pouvons que regretter que son représentant à l'Exposition de Liège, mal conseillé, n'ait pas hésité à mettre en cause la bonne foi du Jury.

Si les appréciations personnelles de la maison Chassaigne sur les opérations du Jury international en ce qui la concerne, ne parviennent pas à atteindre celui-ci, dont l'unique souci a été de mettre l'accomplissement de son devoir au-dessus des questions de personnes, il nous paraît toutefois superflu de parler ici de cette maison, qui a pour ses produits une tendresse exagérée que nous regrettons de ne partager que dans une certaine mesure; celle de la récompense d'ailleurs très honorable qu'elle a obtenue.

LABROUSSE (Joseph)

M. Labrousse présentait un piano possédant un ensemble de qualités fort satisfaisantes.

Il paraît au rapporteur particulièrement intéressant de constater que M. Labrousse, qui recherche peu les affaires d'exportation, n'ait pas hésité à se joindre à ses importants confrères pour augmenter la puissance du bloc de l'industrie des instruments français; on ne saurait trop l'en féliciter.

STAUB

La maison Staub, de Nancy, fondée en 1848, ne présentait pas moins de six pianos. Quatre de ces pianos étaient des instruments de style : un Louis XV et un Louis XVI en noyer; un autre de style moderne en acajou et corail; le quatrième de style flamand en chêne ciré, ce dernier était particulièrement intéressant.

L'ensemble de cette fabrication est en très grand progrès et le développement de l'exportation de cette maison se comprend de la façon la plus naturelle.

MOLA

Ce que nous avons dit de la maison Mola relativement à son harmonium nous dispense de nous étendre plus longuement sur sa fabrication de pianos.

DERDEYN FRÈRES

Dans l'Exposition de MM. Derdeyn frères, successeurs de la maison Louis Derdeyn, fondée en 1846, nous regrettons, mais à notre point de vue personnel, de voir que cette maison sérieuse s'en soit tenue à la construction mixte bois et fer qui ne répond plus, à notre sens, au progrès de l'industrie moderne.

MM. Derdeyn pensent que seule cette construction, qui d'ailleurs leur a permis de faire d'excellents pianos, évite le son dur et métallique qui, à leur sens, est fatal dans les constructions avec cadre coulé.

L'examen même des pianos exposés à Liége est là pour montrer que cette façon de voir est susceptible de correctif.

C'est de la meilleure grâce du monde que je constate les qualités des pianos présentés, l'un de style Louis XV, 7 octaves et 3 pédales, l'autre de style Louis XVI, 7 octaves 1/4 et 3 pédales.

Ce qui a particulièrement intéressé le Jury, c'est le pédalier séparé, à clavier détachable, car le pédalier indépendant possédant son jeu de cordes est depuis longtemps en fabrication en France et en particulier à la maison PLEYEL, mais ce qui nous parait intéressant, c'est la mobilité au point de vue du transport du clavier de ce pédalier.

La maison Derdeyn frères a obtenu une médaille d'or et le Jury a été heureux de la lui décerner.

VAN HYFTE

Les trois qualités qui ont paru frappantes dans les pianos exposés par la maison B. Van Hyfte, de Gand, qui étaient au nombre de quatre, tous à cordes croisées et avec cadre en fer ont été la construction solide et moderne de ces instruments, une sonorité fort agréable et croissante avec la taille des instruments; enfin, une très bonne finition donnant un jeu particulièrement facile.

Aussi la maison Van Hyfte, qui a obtenu le Grand prix en collectivité, s'est vu attribuer une médaille d'or à titre personnel; ce n'est que justice.

SCHULTZ (Gaspard)

La maison Schultz, fondée en 1893, présentait trois pianos constatant un travail fini, une très bonne sonorité qui a valu à son auteur une médaille d'argent.

FOURNITURES POUR PIANOS

Grands prix

Pinet (Léon), Société des Aciéries et des Forges de Firminy. . . . . France.

Médailles d'or

Cola (G.-A.). . . . . Italie.
Langer et Cie. Berlin.

DESCRIPTIONS DES EXPOSITIONS

CORDES D'ACIER

ACIÉRIES DE FIRMINY

Les usines de Firminy qui ont depuis tant d'années consacré une partie de leurs puissants ateliers à la fabrication des cordes d'acier pour pianos, ont présenté des échantillons qui, au point de vue résistance à la rupture par millimètre carré de section, coefficient d'allongement à ce moment, homogénéité et souplesse, ont été dignes de l'admiration la plus grande.

Le nouveau Grand prix qui leur a été attribué ne peut que confirmer les succès obtenus par cette puissante Société.

CORDES DE BOYAU

COLLA (G.-A)

Les cordes à boyau que la maison G.-A. Colla, successeur de l'ancienne maison Andréa Ruffini, fabrique de cordes harmoniques à Rome et à Naples, a envoyé à l'Exposition de Liége, ont mérité de nouveau à M. Colla un Grand prix.

Tous les artistes qui emploient ces cordes harmoniques pour les instruments à archet ont été tellement satisfaits de ces cordes que nous ne pouvons que nous joindre à eux pour adresser nos félicitations à cette maison si soigneuse et si honorable.

MÉCANIQUES

LANGER & Cie

La maison Langer et Cie de Berlin, expose des mécaniques bien agencées, mais qui n'offrent rien de nouveau comme invention.

LUTHERIE

Hors concours

Jacquot (A.) . . . . France.

Grand prix

Caressa et Français . . . . France.

Médaille d'or

Bernard (André). . . . . Belgique.
Brugères (Charles). . . . . France.

Médaille d'argent

Delivet (Auguste). . . . . France.
Diehl (Auguste). . . . . Allemagne.

DESCRIPTIONS DES EXPOSITIONS

JACQUOT (A.)

M. Jacquot qui fut membre du Jury avait à l'Exposition de Liége une série d'instruments à cordes correspondant à ce qu'il appelle sa lutherie d'art personnelle qui se distingue particulièrement par le choix et la vieillesse de ses bois, par les épaisseurs qu'il donne à ses instruments, épaisseurs qui varient dans son appréciation suivant le bois qu'il emploie ; il cherche ainsi à produire la même sonorité dans tous ses instruments.

Son barrage est la conséquence d'observations personnelles et destiné à donner à ses instruments l'ampleur si désirable dans les registres graves des instruments.

GROUPE III. — INSTRUMENTS DE MUSIQUE

Ses modèles, sans être des copies serviles des anciens luthiers, sont dessinés en mélangeant les formes les plus délicates de ceux des grands maîtres anciens. Il faut citer plus particulièrement un violoncelle orné de marqueteries et deux violons égale-

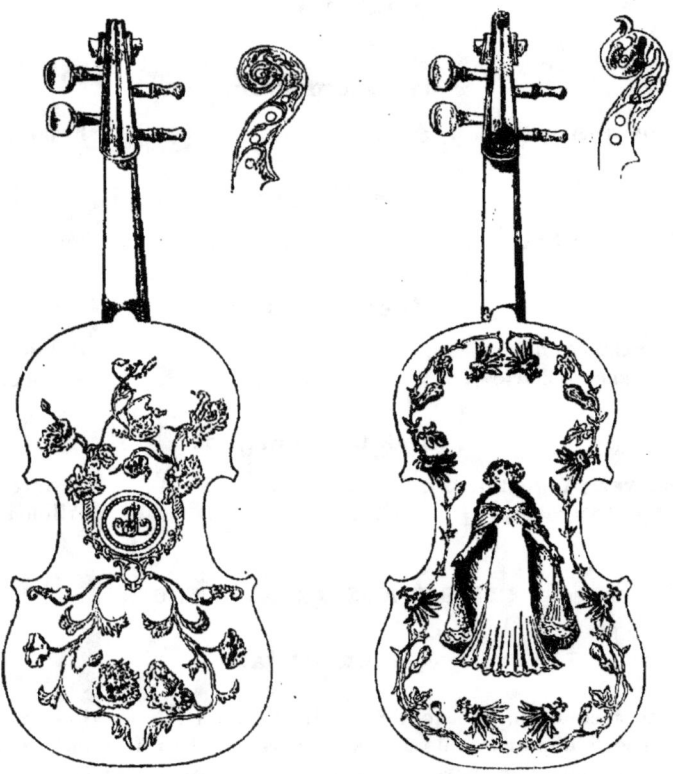

ment en marqueteries d'une exécution tout à fait artistique.

M. Jacquot n'utilise qu'un vernis de sa composition à base de vernis gras, transparent et léger et établi dans le but de chercher à n'enlever rien ni à la vibration, ni à la beauté des bois, dont il doit au contraire faire ressortir les ondes.

M. Jacquot, en sa qualité de membre du Jury, était Hors concours.

Caressa et Français

CARESSA & FRANÇAIS

La caractéristique de la fabrication de MM. Caressa et Français, successeurs de l'ancienne maison LUPOT, fondée à Paris en 1826, puis des S. P. BERNADEL, GAND et Gustave BERNADEL, est le fini remarquable de leurs instruments entièrement faits à la main; le choix de leurs bois, érable et épicéa, qui ont plus de 40 ans de séjour dans leur séchoir, leur permet d'obtenir la sonorité puissante qui ne fait que se développer avec le temps et qu'aiment non seulement les jeunes artistes du Conservatoire de Paris, dont ils sont les fournisseurs attitrés, mais les plus grands virtuoses de l'Ecole moderne.

Le Jury a été mis en présence des attestations les plus élogieuses de maîtres tels que Sarasate, Ysaye, Jacques Thibaud, etc.

Les vernis à l'huile, de pâte transparente, employé par ces luthiers donnent un aspect rouge doré qui, sur les modèles ayant quelques années d'âge qui furent présentés au Jury, s'était atténué et doré par l'usage, se rapprochant ainsi de la transparence si goûtée du vernis des Stradivarius.

La basse de viole d'amour reconstituée d'après une viole italienne du XVIᵉ siècle rappelle exactement les vieilles basses de viole de cette époque. Le travail est parfait; les courbes, le filetage, la sculpture de la tête et la coupe des F. sont particulièrement remarquables.

L'ensemble de l'Exposition a justement mérité aux auteurs le Grand prix qui leur a été décerné à l'unanimité.

BERNARD (André)

M. André Bernard, ancien ouvrier de la maison Gand et Bernardel, de Paris, exposait un quatuor avec un grand alto de 40 centimètres de caisse.

Le violoncelle est également de dimension plus grande que d'ordinaire, les violons sont d'après Amati et la contrebasse de forme plus allongée que dans les instruments normaux.

Ces instruments indiquent une volonté de recherches qui a mérité une médaille d'or à son auteur. Au point de vue rétrospectif, M. Bernard a construit une viole d'amour à fond voûté qui comporte un chevalet de 14 cordes dont 7 harmoniques et 7 sympathiques formant l'accord de ré majeur.

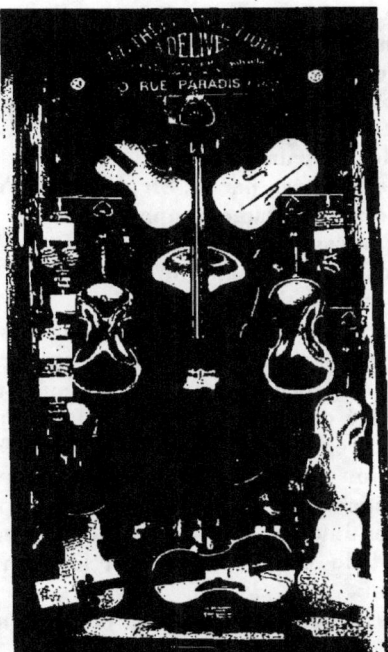

M. André Bernard a obtenu la médaille d'or.

DELIVET (A.)

La lutherie présentée par M. Delivet a attiré l'attention particulière du Jury par la finesse du travail et la transparence des vernis appliqués en différentes teintes.

Ces pièces de lutherie qui sont de la main même de M. Delivet ont mérité à juste titre, à son auteur, une médaille d'argent.

SIR (Léo)

L'Exposition de M. Léo Sir, à Marmande, est particulièrement intéressante par les recherches de ce luthier qui a établi ses instruments, dit-il, sur des bases scientifiques et raisonnées, en s'inspirant des expériences bien connues de Savart et Chladni sur les plaques vibrantes.

Il est regrettable que les résultats, de l'avis du Jury, ne répondent pas à ses yeux, au progrès qu'espérait de très bonne foi réaliser M. Sir.

M. Sir regrette que le Jury se soit contenté d'essayer ses instruments contradictoirement avec d'autres, sans examen préalable des épaisseurs des tables et des vernis.

La méthode d'examen adoptée par le Jury permet au contraire de faire un départ absolument nécessaire entre les qualités d'aspect et les qualités sonores des instruments.

Les voûtes et les épaisseurs adoptées par M. Sir, la façon d'appliquer son vernis ont été l'objet d'examens approfondis et le Jury a dû, puisque c'était l'expression de son sentiment formé en toute compétence, ne pas considérer comme un progrès réel les tentatives de transformation de la lutherie par M. Sir.

De même les qualités sonores, qui n'étaient pas aussi satisfaisantes qu'on l'aurait désiré, se développeront peut-être par la suite, mais il ne saurait être reproché avec quelque apparence de raison à un Jury d'être obligé de s'en tenir au résultat acquis.

Néanmoins, le Jury a voulu rendre hommage aux efforts faits par M. Sir dans la présentation des 27 instruments qu'il avait envoyés à l'Exposition de Liége et particulièrement dans la présentation d'un ténor de 61 centimètres et d'un alto de 51 centimètres destinés, dans l'esprit de M. Sir, à combler les lacunes regrettables du quatuor actuel.

C'est dans cet esprit que la médaille d'argent lui a été attribuée.

MANDOLINES ET GUITARES

Diplôme d'honneur

MM. Ricci et Figlio . . . . Italie.

Médailles d'or

Mourtzinos . . . . Grèce.
Romito et Carbone . . . . Italie.

DESCRIPTIONS DES EXPOSITIONS

LUICI RICCI ET FIGLIO

Les mandolines exposées par MM. Luigi, Ricci et Figlio, de Naples, sont d'une grande perfection de travail ; cette maison fondée en 1885, n'a cessé de se développer.

Les mandolines à côtes ont été particulièrement appréciées pour les pays tropicaux et de climats humides. MM. Ricci emploient des vis d'une façon très décorative pour maintenir les côtes, la table d'harmonie, les ornements et le clavier.

Le Jury a remarqué avec intérêt le système de chevalet métal-

lique mobile automatique qui permet d'accroître au gré de l'artiste la pression sur la table.

MOURTZINOS (D.)

La maison D. Mourtzinos, d'Athènes, dont c'était, nous le pensons, la première Exposition, nous a présenté en mandolines et guitares, des instruments fort bien traités qui lui ont valu une médaille d'or.

L. ROMITO ET FILLI CARBONNE

Les modèles de mandolines envoyés par M. Carbonne, de Naples, étaient pour quelques-uns des instruments de grand luxe et si le rapporteur a admiré beaucoup l'une d'elles, il est resté rêveur devant le vocable « style Liberty » dont la définition n'est pas bien précise à son avis tout au moins pour des instruments de musique.

HARPES

DESCRIPTIONS DES EXPOSITIONS

Les harpes étaient exposées par les deux maisons Erard et Pleyel.

ERARD

Cette maison présentait des exemplaires tout à fait remarquables de sa fabrication ordinaire, harpes à pédales à double mouvement, dont la réputation n'est plus à faire.

PLEYEL

Quant à la maison Pleyel, elle présentait des modèles nouveaux de sa nouvelle harpe chromatique sans pédales et c'est une de ces harpes qui a été jouée devant Sa Majesté le Roi des Belges, le jour de l'inauguration de la Section française dans le salon d'honneur, par Mlle Cornélis, premier prix de la classe de harpe chromatique au Conservatoire de Bruxelles.

Nous devons signaler la décoration artistique et moderne du plus gracieux effet qui a été appliquée aux différentes harpes de la maison Pleyel et dont nous reproduisons ci-contre quelques échantillons, en regrettant que nous n'ayons pas pu avoir le cli-

ché d'une harpe à pédales pour montrer nettement la différence des deux systèmes.

INSTRUMENTS A VENT, EN CUIVRE ET EN BOIS

Hors concours

MM. Mahillon et Cie. . . . . Belgique.

Grands prix

Besson . . . . France.
Delfaux . . . . France.
Albert et Jacques . . . . Belgique.
Evette et Schaeffer . . . . France.
Sudre & Cie . . . . France.
Estela . . . . Espagne.

Diplôme d'honneur

Mme Albert (Veuve) . . . . Belgique.

Médaille d'or

MM. Kessels . . . . Pays-Bas.

Médailles d'argent

Senecaut . . . . Bruxelles.
Huller . . . . Bohême.

DESCRIPTIONS DES EXPOSITIONS

MAHILLON ET Cⁱᵉ

Au moment de parler de cette célèbre maison, le rapporteur est singulièrement embarrassé pour le faire en quelques lignes en termes aussi élogieux qu'il le faudrait.

Il sera donc contraint de résumer l'appréciation du Jury et la sienne en indiquant seulement que les instruments exposés par M. Mahillon se sont faits remarquer aussi bien par leur nombre que par leur perfection absolue.

Il ne fallait pas s'attendre à moins, et il ne pouvait en être autrement d'une maison dont le chef est un des acousticiens les plus réputés et indiscutablement les plus remarquables de l'époque.

Nous sommes heureux de le féliciter à nouveau.

DELFAUX

Les instruments présentés par la maison Delfaux, successeur de la maison Courtois, fondée en 1803, ont frappé vivement l'attention du Jury par leur forme harmonieuse, par leur tenue parfaitement équilibrée à la main et par le luxe avec lequel ils étaient présentés. Tous ces instruments étaient argentés ou dorés et finement gravés. Les qualités sonores étaient de premier ordre aussi.

Pour les cornets de petite ou de grosse perce, quelques-uns ont la branche d'embouchure directe et se jouent sans allonge.

Les nouveautés particulièrement intéressantes pour la Belgique étaient représentées par un cornet à écho actionné par un 4ᵉ piston, un cornet en *ut* avec barillet transpositeur permettant de le jouer en quatre tonalités : *ut*, *si* naturel, *si* ♭ et *la* avec deux tons seulement,

Un trombone à 4 pistons encore peu joué en Belgique, un

GROUPE III. — INSTRUMENTS DE MUSIQUE 57

trombone à coulisse double faisant l'office de trombone ténor ou de trombone basse avec toujours les mêmes positions.

Le Jury a dû regretter à ce propos que les exposants ne pussent pas s'assurer à temps le concours d'artistes capables de jouer les instruments exposés et surtout les instruments présentant quelques particularités nouvelles. Le trombone à coulisse ne se jouant pas en Belgique, cet instrument particulièrement intéressant ne put être essayé devant le Jury, mais les membres français du Jury par leur expérience personnelle firent connaître au Jury les services que rendaient ces instruments, en particulier dans les partitions de Wagner.

FONTAINE-BESSON

L'Exposition de la maison Besson était de tout point remarquable.

D'ailleurs directeur-propriétaire de cette maison, M. Fontaine-Besson a été proposé pour la croix de la Légion d'honneur à l'occasion de ce nouveau triomphe, certes bien mérité par l'élégance de la forme, le fini et la qualité de construction des instruments à vent qui étaient présentés.

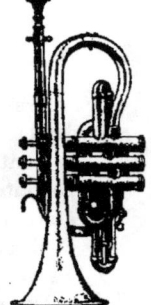

Son système, qui a reçu l'appellation générale de « prototype » permet de garder indéfiniment les caractéristiques de l'instrument type initial.

L'étude de la perce qui a été poussée jusqu'à ses dernières limites par la maison Besson lui a valu une série de brevets relatifs à la perce droite, la perce à bosse et biaisée, la perce étoile, etc.

Le Jury a vu avec admiration toute la série des cornophones

et la fameuse clarinette pédale complétant la famille des clarinettes.

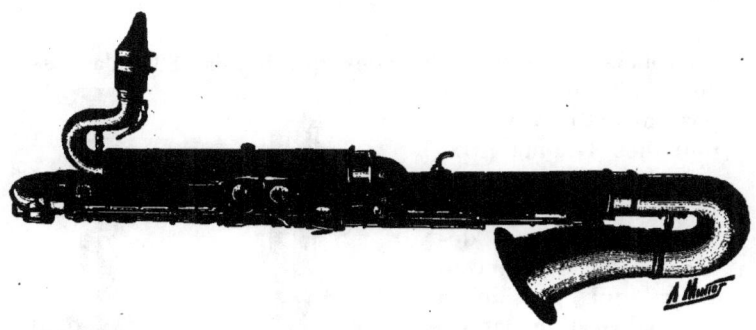

Une nouvelle fois, un Grand prix a été décerné à la maison Besson à l'unanimité du Jury.

SUDRE ET Cie

L'Exposition de la maison Sudre était particulièrement intéressante par la présentation de la nouvelle invention par M. Sudre de toute une classe d'instruments à embouchure et à pistons qu'il a désignés sous le nom de sudrophones.

Ces instruments sont caractérisés par ce fait que, sur la colonne d'air, vers le pavillon, une membrane élastique tendue en face d'une ouverture pratiquée dans le métal de l'instrument permet, en variant les dimensions de cette membrane, d'obtenir une série de timbres différents rappelant ceux des instruments à anches comme les saxophones, bassons, clarinettes, basses, cors anglais, etc... ou instruments à cordes comme violoncelles, contrebasses, etc.

Le jury a été heureux de rendre hommage aux recherches continues auxquelles se livre M. Sudre à ce sujet, et lui a souhaité de très grand cœur le succès mérité pour ses efforts persévérants.

EVETTE ET SCHAEFFER

La maison Evette et Schœffer qui depuis 1889 n'a cessé d'exposer à toutes les Expositions et d'avoir partout des Grands prix, a envoyé à Liége des instruments qui, une fois de plus, ont démontré le soin minutieux qui préside à leur fabrication, et les résultats remarquables obtenus par leur tenue d'accord et la perfection de celui-ci.

La collection de clarinettes allant de celle en *la* naturel aigu jusqu'à la contrebasse en *si* ♭ grave est digne de toutes les admirations, car elle ne comporte pas moins de 16 instruments différents présentant tous les mêmes qualités de perfection absolue.

INSTRUMENTS AUTOMATIQUES

Diplôme d'honneur

MM. Limonaire frères . . . . France.

Médaille d'or

Foucher Gasparini . . . . France.

DESCRIPTIONS DES EXPOSITIONS

LIMONAIRE FRÈRES

L'orgue mécanique présenté par la maison Limonaire comportait de l'avis du Jury une série de perfectionnements sur leurs aînés dignes du plus grand intérêt. C'est ce qui a valu à la maison Limonaire le diplôme d'honneur qu'elle a obtenu à Liége.

Les qualités d'harmonisation et de composition des jeux ont été très remarqués.

Le nouveau système pour sommier pneumatique à registres automatiques et l'emploi de servo-moteurs automatiques pour la commande des ouvertures des soupapes ont paru particulièrement bien établis.

Le modèle exposé à Liége, qui est un appareil à papier perforé de 92 touches avec des effets de registres automatiques, est mû par l'électricité.

Il nous a paru utile au point de vue historique de faire figurer ici une description succincte de cet instrument.

Composition de l'instrument : contrebasses, basses, bourdons, trombones, altos, pistons, barytons, saxophones, clarinettes, violons et flûtes. — Accessoires : Timbres, tambour, cymbale, grosse caisse.

Meuble de 6 mètres de longueur, 4 m. 50 de hauteur, 1 mètre de profondeur.

Style art nouveau, bois sculpté finement décoré avec un groupe de 5 statuettes articulées en bois sculpté et deux grandes statues également en bois sculpté et décoré.

FOUCHER-GASPARINI

La maison Foucher-Gasparini présentait deux orgues à papiers perforés. L'un était à registres automatiques dans la pensée de pouvoir obtenir avec les 52 touches les effets d'un orgue de 156 touches.

Le second instrument modern style comportait 87 touches et avait un aspect monumental (5 m. 50 de façade); il se composait d'un chant formé de gambes harmonisées pour donner le son du violon, le contre-chant étant produit par un chant de basson à anches accouplé à un bourdon : un chant de petite flûte qui sert pour les variations musicales.

Un registre automatique fait intervenir dans les « *forte* » un chant de clairon claironnant qui donne une puissance énorme très utile sans doute pour les foires auxquelles cet instrument est destiné, mais dont l'audition, nous devons le dire, est quelque peu dure à l'oreille dans l'intérieur d'une Exposition.

Nous devons ajouter en toute impartialité que le premier instrument, bien moins puissant destiné aux salles de bal, est d'une sonorité beaucoup plus douce et extrêmement agréable.

PHONOGRAPHES

Hors Concours

M. Dutreih . . . . France.

DESCRIPTIONS DES EXPOSITIONS

DUTREIH (G.)

Le Rapporteur au moment où il doit parler de sa propre Exposition, ne peut que se borner sans aucun commentaire personnel à reproduire l'avis du Jury auquel il passe la plume.

A ce propos, le Jury prévoyant le rôle artistique et scientifique que les machines parlantes sont destinées à jouer dans l'avenir, émet le vœu qu'il soit organisé aux Archives une sorte de musée de Cylindres destinés à conserver la trace de l'exécution des œuvres réalisées dans notre siècle, des voix des artistes les plus fameux, des mouvements que les auteurs les plus célèbres ont voulu voir appliquer à l'exécution de leurs œuvres, etc...

La tradition serait ainsi conservée intacte et pourrait être transmise aux élèves musiciens au même titre que les toiles des grands maîtres le sont aux artistes peintres.

« Le Jury a trouvé particulièrement remarquables les tentatives faites par la maison Dutreih pour s'assurer :

» 1º Un enregistrement absolument parfait non seulement de la voix humaine, mais de tous les instruments de l'orchestre pour les cylindres de cire destinés à être entendus sur les phonographes déjà si célèbres de cette maison sous le nom de « Musica ».

» 2º La collaboration des artistes les plus réputés pour établir la synthèse du mouvement artistique de l'époque, aussi bien dans le domaine de la grande musique : Opéras, Opéras-comiques, etc. que dans le domaine plus léger, mais si nécessaire pour le repos de l'esprit humain, de l'opérette, voir même de la chansonnette.

» Le choix particulièrement sévère exercé par M. Dutreih, et sur les œuvres et sur les artistes, a fait de son catalogue, on peut le dire, un ensemble absolument parfait dont on ne saurait trop le féliciter. Au point de vue mécanique les appareils à cylindres et à disques fabriqués par la maison Dutreih réalisent des perfectionnements incontestables qui permettent de constater sa marche constante vers le progrès dans une industrie dont M. Dutreih a été l'un des créateurs en France. »

BOITES A MUSIQUE

Hors Concours

M.   Paillard et Cie . . . .   Suisse.

DESCRIPTIONS DES EXPOSITIONS

PAILLARD (G.) et Cie

La maison Paillard, de Sainte-Croix, expose différents modèles de musique à manivelle, ainsi que quelques pièces à musique à disque avec changement automatique des disques, par un mécanisme dont elle est l'inventeur et qui lui fait honneur.

La maison Paillard est une des plus importantes fabriques de Suisse et ses succès aux Expositions sont déjà nombreux et mérités.

La place nous manque pour définir plus complètement les détails ingénieux de cette fabrication très soignée.

Qu'il nous suffise de dire que le Jury s'y est vivement intéressé.

MÉCANIQUES DIVERSES

Médaille d'or :

Enaux (Louis)	France.
Lantelme (Georges)	—
D'Haene	—
Lantelme (Auguste)	—

DESCRIPTIONS DES EXPOSITIONS

ENAUX (Louis)

M. Louis Enaux, fondé de pouvoirs de la maison Pleyel, a réalisé un instrument réduit qui est à la harpe chromatique ce qu'est le clavier muet au piano.

Il a fait, en effet, une toute petite harpe chromatique d'aspect charmant, commode à emporter, même en voyage et qui permet, à l'aide d'une monture de cordes d'acier qui ne craignent pas l'usure, d'avoir sous la main et à sa portée un instrument extrêmement léger, très peu encombrant sur lequel on peut faire sur une étendue de 3 octaves, les exercices journaliers nécessaires pour se délier les doigts.

Ce petit instrument en bois laqué possède les commodités d'accord de sa grande sœur la harpe chromatique et une constance d'accord due à la construction de ses cordes en acier.

Aussi c'est avec une juste raison que la médaille d'or a été attribuée à M. Enaux.

LANTELME (Georges)

M. Georges Lantelme a présenté un ensemble d'appareils appelés *sonographe* et *sonostyle* permettant de tracer et de reproduire sur les papiers perforés appliqués dans les instruments automatiques pour rejouer les instruments à clavier comme les *Pleyelas*, les *Cœcilians*, les *Pianolas*, etc... des lignes continues, véritables points de repère pour l'ouverture des valves, de forte ou de piano correspondant au jeu, soit de la main droite, soit de la main gauche.

On conçoit ainsi qu'après avoir tracé les courbes d'intensité des deux mains de l'œuvre d'un artiste, on puisse à l'aide de *sonostyle* monté sur les manettes qui commandent les expressions *forte* ou *piano*, suivre ces lignes et replacer ainsi l'instrument dans les conditions mêmes où il était quand il a été actionné pour la première fois par l'artiste exécutant.

Cette solution d'un problème posé depuis quelque temps à la sagacité des chercheurs a paru particulièrement satisfaisante et a valu à son auteur une médaille d'or.

LANTELME (Auguste)

M. Auguste Lantelme présentait une forme de caisse, appliquée à un piano de 5 octaves de la maison Pleyel, excessivement ingénieuse et qu'il avait étudiée sur la demande spéciale d'une série de compositeurs ses amis.

Il est certain qu'à l'instar de beaucoup d'organisations particulièrement commodes, on a avec ce petit piano tout ce qu'il faut pour écrire. Le piano possède en principe : un pupitre incliné capable de supporter les plus grandes partitions ; il comporte en outre à la place des consoles ordinaires, deux véritables petites bibliothèques, l'une affectée au papier écrit, l'autre au papier à musique encore vierge ; un encrier mobile et des boîtes à plumes complètent un ensemble absolument pratique.

Cette solution heureuse d'un problème particulièrement délicat, a mérité à son auteur la médaille d'or.

D'HAENE

La mécanique pour pianos droits par M. D'Haene, présentait l'application si intéressante de la double répétition rendue possible dans la mécanique du piano droit sans double échappement. D'ailleurs cette mécanique fait l'objet d'un brevet dans tous les pays de l'Union et a valu à son auteur les félicitations très sincères du Jury.

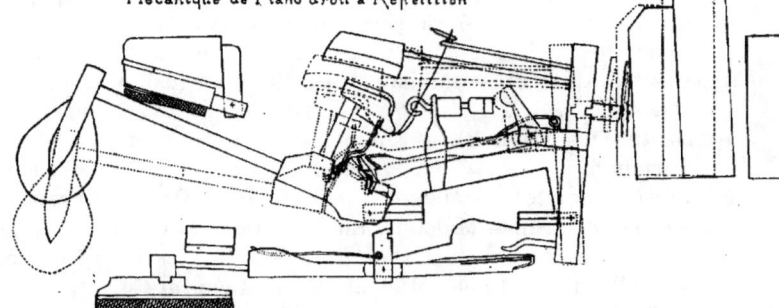

Mécanique de Piano droit à Répétition

LISTE DES RÉCOMPENSES DÉCERNÉES AUX COLLABORATEURS ET COOPÉRATEURS DES EXPOSANTS

COLLABORATEURS

Diplômes d'honneur

BALTHAZAR (Franz). — Maison Balthazar (H.) à Namur.	Belgique.
COUDRIER (Fernando). — Maison Estela (Mme Pierre), à Barcelone.	Espagne.
DUBRUEL. — Collectivité française des Instruments de musique	France.
LAHAYE (Alexandre). — Maison Dutreih (Georges), à Paris	France.
MEILLAND (Jean-Benoît). — Aciéries et Forges de Firminy.	France.
POUGET (Hippolyte). — Maison Pinet (Léon) à Paris.	France.
TACHERON (André).— Maison Erard, Blondet et Cie, à Paris	France.
TASSU (Albert). — Maison Pleyel, Wolf, Lyon et Cie, à Paris	France.

Diplômes de médailles d'or

Coulot (Adolphe). — Aciéries et Forges de Firminy. France.
Evette (Maurice). — Maison Evette et Schaeffer, à Paris.................................. France.
Gouttière (Edmond). — Maison Gouttière (Edmond), à Paris................................ France.
Jacquot (Fernand). — Maison Jacquot (E.-Ch. Albert), à Nancy............................ France.
Kœbel (Auguste). — Maison Becker (J.), à Saint-Pétersbourg.............................. Russie.
Lamy (Léon). — Maison Pleyel, Wolff, Lyon et Cie, à Paris..................... France.
Lux (Alphonse). — Maison Herz (Henri), à Paris. . . France.
Portier (Laurent). — Aciéries et Forges de Firminy, à Firminy........................... France.

Diplômes de médaille d'argent

Abrial (Louis). — Aciéries et Forges de Firminy, à Firminy.............................. France.
Brunet (Marguerite). — Maison Dutreih (Georges), à Paris................................ France.
Desfossés (Armand). — Maison Pinet (Léon), à Paris. France.
Doperé (Paul). — Maison Doperé (Félix), à Bruxelles. Belgique.
Fontaine (François). — Maison Herz (Henri), à Paris. France.
Hautrive (Gaston). — Maison Hautrive (E.), à Bruxelles................................. Belgique.
Médée (Renée). — Maison Thibout (Amédée) et Cie, à Paris..................... France.

Diplômes de médaille de bronze

HAUTRIVE (Maurice). — Maison Hautrive (E.), à Bruxelles. Belgique.
PITTER (A.).— Maison Ortiz e Cusso, à Barcelone. Section internationale. . . . . Espagne.
VAN LANDEGHEM (Joseph). — Maison Hautrive (E.), à Bruxelles. . . . . Belgique.

Diplôme de mention honorable

SIR (Léon). — Maison Sir (Léon), à Marmande (Lot-et-Garonne) . . . . France.

COOPÉRATEURS

Rappels de diplôme de médaille d'or

BRUBAC (Charles). — Maison Caressa et Français, Paris . . . . France.
GUY (Eugène). — Maison Evette et Schaeffer, à Paris. France.
MEULEMANS (Baptiste).— Maison Gaveau frères, à Paris. France.
MONGRUEL (Albert). — Maison Evette et Schaeffer, à Paris . . . . France.

Rappels de diplôme de médaille d'argent

BARBEY (Louis). — Maison Evette et Schaeffer, à Paris. France.
COLLIÈGE (Henri). — Maison Gaveau frères, à Paris. . France.
PASSAGER (Paul). — Maison Evette et Schaeffer, à Paris. France.
SAUJOT (Henri). — Maison Gaveau frères, à Paris . . France.

Diplômes de médaille de bronze

ALSINA (Michel). — Maison Estela (Mme Pierre), à Barcelone. Section internationale . . . . Espagne.
BENEL (Eugène). — Maison Gaveau frères, à Paris. . France.
BORDAS (José). — Maison Chassaigne frères, à Barcelone. Section internationale . . . . Espagne.
BOULANGEOT (Camille). — Maison Darche frères, à Bruxelles. . . . . Belgique.
BRACHOT (J.). — Maison Balthazar-Florence (H.), à Namur . . . . Belgique.
CLOSSET (Joseph). — Maison Causard (Adrien), à Tellin. Belgique.
CASSELLA (Antoine). — Maison Chassaigne frères, à Barcelone. Section internationale . . . . Espagne.
DEKIEBER (P.). — Maison Veuve Albert (S.-A.), à Bruxelles. . . . . Belgique.
DELALOT (Emilien). — Maison Sudie et Cie, à Paris . . France.
DRAPS (François). — Maison Van Bever, Salomon et frères, à Bruxelles . . . . Belgique.
ENRIQUE MIRALLEZ CAMINAL. — Maison Ortiz e Cusso, à Barcelone. Section internationale . . . . . . Espagne.
GONET (Charles). — Maison Thibout (Amédée) et Cie, à Paris . . . . France.
GUILLAUME (Joseph). — Maison Balthasar-Florence (H.), à Namur . . . . Belgique.
HAAS (Martin). — Maison Burgasser et Theilmann, à Paris. . . . . France.
HENRY (Louis). — Maison Darche frères, à Bruxelles. Belgique.
JANSSENS (Louis). — Maisons Albert, Jacques et Eugène frères, à Bruxelles . . . . Belgique
LAURENT (Emile). — Maison Darche frères, à Bruxelles. Belgique
MENUISIER (Edouard). — Maison Gaveau frères, à Paris. France.
NEUKIRCHNER (Henri). — Maison Becker (J.), à Saint-Pétersbourg. Russie.
PAPOT (Arthur). — Maison Caressa et Français, à Paris. France.
PRIST (Jean). — Maisons Albert, Jacques et Eugène frères, à Bruxelles . . . . Belgique.
ROSSIGNOL (Alfred). — Maison Sudre et Cie, à Paris. . France.

GROUPE III. — INSTRUMENTS DE MUSIQUE 73

SANFELIX (Jacques). — Maison Estela (Mme Pierre), à
  Barcelone. Section internationale. . . . .   Espagne.
SCHULTZ (Michel).— Maison Doperé (Félix), à Bruxelles.   Belgique
TROUVELOT. — Maison Sudre et Cie, à Paris . . . . .   France.
VANDERELST (Jules).— Maisons Albert, Jacques et
  Eugène frères, à Bruxelles . . . .   Belgique.
VANDERHAEGEN. — Maison Veuve Albert (S.-A.), à
  Bruxelles. . . . .   Belgique.
VANDERVEKEN.— Maison Veuve Albert (S.-A.), à Bru-
  xelles. . . . .   Belgique.

Diplômes de mention honorable

GARRET (Eugène). — Maison Thibout (Amédée) et Cie,
  à Paris.   France.
LEEMAN (François). — Maison Verrees (Emile), à
  Turnhout. . . . .   Belgique.
TARDIVEAU (Emile).— Maison Herz (Henri), à Paris.   France.

TABLE DES MATIÈRES

Comité d'installation de la Classe 17	5
La Classe 17 à l'Exposition de Liège en 1905	9
Considérations générales	10
Grandes orgues	15
Harmoniums	16
Accordéons	24
Pianos	26
Fournitures pour pianos	42
Lutherie	44
Mandolines et guitares	50
Harpes	53
Instruments à vent, en cuivre et en bois	55
Instruments automatiques	60
Phonographes	63
Boîtes à musique	65
Mécaniques diverses	66
Liste des récompenses accordées aux collaborateurs et coopérateurs des exposants	69